DISCOURS
SUR L'ÉTUDE
des Langues Étrangères,

PRONONCÉ

Par M.ʳ John Williams,

PROFESSEUR DE LANGUE ET DE LITTÉRATURE ANGLAISE,

Le jour de Saint Jean-Baptiste, à une réunion de ses Élèves chez lui.

A BORDEAUX,

*Chez Gayet, Libraire, Fossés du Chapeau-Rouge, n.° 3,
et chez le Professeur, rue des Épiciers, n.° 17.*

M. DCCC. XXVII.

IMPRIMERIE DE SUWERINCK, RUE MARCHANDE, N.° 6.

AVANT-PROPOS.

Le grand commerce que fait la ville florissante de Bordeaux, exige que les habitants se livrent à une étude continuelle des langues étrangères. Les arts et les sciences sont les soutiens du commerce : par quels moyens sont-ils développés ? si ce n'est par la littérature. Les nombreuses institutions que l'on trouve à Bordeaux pour l'éducation de la jeunesse, l'encouragement flatteur qu'on y donne aux instituteurs qui les dirigent, et aux professeurs qui enseignent dans ces institutions, prouvent l'intérêt que les habitants prennent à la littérature.

Après une longue et destructive guerre, la paix a répandu ses bienfaits dans tout le monde : et la vaste étendue des mers, maintenant libre, se couvre d'innombrables navires, qui portent et rapportent les productions de différents pays aux nations éloignées. Voilà un continent entier qui s'est affranchi de ses anciens préjugés contre le commerce, et dont les ports s'ouvrent à l'ancien monde d'une manière à la fois amicale et utile. Ce sont de riches pays qui possèdent tous les avantages de la nature, des mines de métaux, un sol fertile, d'immenses rivières et fleuves, où l'on trouve des ports favorables : et en abondance *ij*

tout ce qui tient à l'existence de l'homme. Il ne faut que des gouvernements sages et consolidés pour perfectionner ces moyens, et porter ces états au plus haut degré de prospérité. C'est à vous, O Européens! d'en profiter : faites vos entreprises, exploitez ces pays ; ils sont neufs.

Par ces raisons, croyant que la connaissance des langues étrangères est de la plus grande utilité, et poussé par le désir d'exciter mes élèves à les bien étudier, j'avais une petite réunion chez moi, où je prononçai un discours dans ce but. Cette faible esquisse a plu à mes amis, qui m'ont conseillé de la faire imprimer. Ainsi je l'offre au public dans le même style que je l'ai prononcée, sans avoir fait de changements, préférant que mes idées paraissent comme elles se sont élévées dans mon esprit, sans embellissement, et dans leur originale nudité. J'espère que vous, respectables habitants de Bordeaux, y trouverez l'avantage d'exciter vos enfants à poursuivre leurs études avec patience, persévérance et assiduité.

DISCOURS

SUR L'ÉTUDE

DES LANGUES ÉTRANGÈRES,

PRONONCÉ

PAR M. JOHN WILLIAMS,

PROFESSEUR DE LANGUE ET DE LITTÉRATURE ANGLAISE,

LE JOUR DE LA FÊTE DE SAINT JEAN-BAPTISTE.

L'HOMME est un miracle, et son héritage un mystère !

Parmi les merveilles qui nous environnent, la différence des langues du genre humain n'est pas la moins frappante. Nous sommes tous de la même origine, tous enfants du même père : comment se peut-il que nous différions tant dans nos habitudes, et même dans notre langage ? Il suffit que des nations voisines soient séparées par un détroit, par un fleuve, ou par des montagnes, pour ne pas se comprendre. Cependant les besoins, les plaisirs, les chagrins, et les douleurs de tous les peuples qui habitent la terre sont les mêmes : mais ils font usage de mots très-différents, et dont les sons ne se rapprochent guère, pour exprimer les mêmes objets, et les mêmes désirs.

Telle est la volonté du Tout-Puissant qui gouverne l'univers, qui a établi des règles pour le bonheur de toutes ses créatures, et dont la manière d'agir surpasse la faible imagination des mortels. Le Créateur n'a-t-il pas le droit de gouverner selon sa volonté, et ne doit-il pas mieux connaître que nous ce qui est bon? Il y a deux auteurs distingués, de deux nations différentes, qui ont également écrit que « tout ce qui existe est bien ». Pour mes jeunes élèves, peut-être il sera mieux de les nommer : ce sont Voltaire en France, et Pope en Angleterre.

Je vais considérer l'étude des langues étrangères en cinq parties principales, qui sont : LE COMMERCE, — LA GUERRE, — LA SOCIÉTÉ EN GÉNÉRAL, — LA LITTÉRATURE ET LA RELIGION.

D'abord, par rapport à son utilité pour le commerce : vous, habitants respectables de cette belle métropole, la reine des villes ; vous n'ignorez pas que c'est le commerce qui fait fleurir votre pays agreste : c'est par son aide, que vos champs sont couverts d'une riche moisson pourprée, et que d'innombrables bras trouvent de l'emploi en cultivant la vigne : ce don précieux du ciel, la vigne! dont le jus bienfaisant est de tant d'utilité à l'homme! il conserve sa santé et le soutient dans sa vieillesse.

Voyez cette belle rade, où notre vue se porte chaque jour, couverte des vaisseaux qui viennent des pays lointains, que les vents propices ont conduits en sureté dans le port, pour transporter l'excellente production de votre sol. Combien d'artisans trouvent l'existence dans le commerce du vin. Contemplez cette foule de personnes industrieuses, s'occupant sur les bords de la rade à une infinité de travaux! Elles offrent un mouvement continuel et présentent un spectacle agréable par la pensée de l'avantage qui en résulte.

Jetez vos regards sur ces belles maisons, semblables aux palais des princes, où s'élèvent de superbes portiques, ce sont les demeures des négociants qui, par leur habileté, savent réunir tous les matériaux qui sont nécessaires pour le chargement et l'équipement de tant de vaisseaux ; des négociants, dans les comptoirs desquels tant de jeunes gens de familles respectables peuvent trouver un emploi honorable, s'instruire dans le commerce, et à leur tour devenir de sages directeurs de pareils établissements !

Que feraient ces négociants, les capitaines de vaisseaux, les agents de tout espèce, et d'autres personnes occupées dans ces établissements, s'ils ne savaient que parler leur langue natale ? Quelle que soit la manière de se communiquer les uns aux autres ; que la correspondance se fasse entre les négociants des pays lointains, que les ordres soient donnés pour tous les détails du commerce, comment pourrait-on y parvenir si on ne savait qu'une langue ? Non-seulement la connaissance des différentes langues est à présent d'une très-grande utilité, mais elle deviendra indispensable, par le grand commerce qui va s'ouvrir avec tant de pays étrangers. Ces nations jadis plongées dans l'ignorance, viennent de dissiper les noirs préjugés dans lesquels elles s'étaient assoupies pendant tant de siècles. Elles ont ouvert une carrière de civilisation, dans laquelle l'encouragement qu'elles donnent aux arts et aux sciences, leur assure le bonheur, la gloire, et la prospérité pour l'avenir.

La connaissance des langues étrangères est au commerce, ce que le cœur est au corps humain, qui ne peut pas exister sans lui. De même, on ne peut ni faire ni continuer le commerce étranger sans la connaissance de différentes langues.

Lorsque le pavillon *rouge*, ce pavillon de la destruction s'élève parmi les nations, et que Dieu, dont la main pèse sur les peuples, a envoyé le fléau de la guerre, comme messager, pour annoncer sa colère; lorsque les hommes acharnés par l'ambition la conquête, ou la vengeance, se rangent en lignes opposées les uns contre les autres, armés de tubes vomissant sans cesse des flammes qui sillonnent autour d'eux un nuage de soufre, et que l'instrument fatal et invisible porte la mort et la dévastation parmi ces êtres inconsidérés; lorsque l'affreux spectre est rassasié de proie, et que les vaincus et les vainqueurs courent précipitamment dans des champs inondés de sang, où l'on foule aux pieds sans distinction les blessés, les mourants et les morts : combien la connaissance d'une langue étrangère peut être utile pour arrêter le carnage et pour servir aux malheureux prisonniers qui tombent sous la domination d'une puissance étrangère !

Lorsque les deux partis se sont également retirés, les habitants des villes voisines se portent en foule pour secourir les malheureux étendus sur ces champs funestes. J'ai été témoin d'un semblable spectacle où nous avons été trois jours et trois nuits avant d'avoir ramassé tous les blessés, où même des femmes, comme les anges de compassion, après avoir repoussé les sentiments d'horreur, de terreur, et de modestie, naturels à leur sexe, ont rendu les plus grands services à ces victimes infortunées de l'ambition.

Quelle consolation pour les mourants dans ces moments affreux, de s'entendre adresser quelques paroles dans leur langue natale, d'entendre dire : *Lève ton ame vers le ciel, où un juste Dieu effacera tes souffrances, en te plaçant dans des champs fleuris où le destructeur, lui-même terrassé, ne marche plus, où tes joies seront éternelles !*

Quelle émotion n'éprouve-t-on pas lorsque, dans le langage de sa patrie, l'oreille est frappée de ces paroles : *Tes blessures ne sont pas mortelles, tu seras bientôt guéri ; nous allons te transporter dans un lieu de sûreté, où, soit ami, soit ennemi, tu auras tous les secours qu'exige ton état : ta soif brûlante sera étanchée. Voilà l'eau qu'on approche* (1) !

Dans de pareils cas, de quelle utilité ne peut-on pas être ! Que de services ne peut-on pas rendre, lorsqu'on est capable de parler différentes langues.

Détournons les yeux de cet affreux et triste spectacle ; et supposons que nous sommes en voyage pour voir différents pays et étudier les manières et les coutumes des différentes nations. En entrant dans une hôtellerie, en faisant ses affaires, ou lorsqu'on se trouve dans ces petites réunions de société, où l'agréable conversation des deux sexes fait oublier les chagrins et les soins, quelle satisfaction d'entendre et de se faire comprendre dans la langue du pays où l'on se trouve !

Faut-il faire un compliment à une personne ? vous fait-on des politesses ? n'est-il pas plus flatteur et plus satifaisant de pouvoir faire usage de la langue des personnes avec lesquelles on se trouve ?

Chaque nation a ses auteurs distingués, et une littérature particulière : quelle jouissance n'éprouvons-nous pas dans la lecture de ses auteurs, lorsque, par notre capacité, nous pouvons approfondir et goûter les beautés qu'exprime la langue de chaque peuple en particulier !

---

(1) Ceci peut paraître trivial ; mais ceux qui ont vu un champ de bataille peuvent bien apprécier que l'eau est de la plus grande urgence pour les blessés, et que c'est le premier secours qu'on leur porte.

Comment se communique-t-on les sciences et les arts, si ce n'est par le moyen de la traduction? Combien de beaux discours, d'idées sublimes n'avons-nous pas trouvé dans la littérature étrangère. Voilà encore la récompense que nous recevons des peines que nous nous sommes données pour acquérir une langue étrangère. Combien d'utilité ne trouvons-nous pas en cela? Nous apprenons à connaître le savoir de tout le genre humain.

Les gens qui aiment la littérature, en général, sont justes, et rendent à chacun l'hommage que l'on doit accorder aux talents : les bons auteurs d'une nation aiment les bons auteurs d'une autre.

Puisque je parle de la littérature, permettez-moi de faire une seule remarque sur ce que les Anglais ont de particulier en ce genre (1).

« Jamais langue ne fut moins scrupuleuse à adopter des ex-
» pressions étrangères, elle s'approprie non-seulement des mots,
» mais des tours de phrases; tout ce qui est expressif et propre
» à abréger le discours obtient d'abord droit de bourgeoisie
» chez elle.

» Cette grande richesse ne contente pas encore l'amour des
» Anglais pour l'énergie et pour la laconicité, ils sont très-hardis
» dans leurs écrits, ils emploient de leur propre autorité des
» termes qui ne sont point avoués par l'usage; ils font signifier
» aux expressions tout ce que l'analogie leur peut permettre de
» signifier; point de bornes pour la hardiesse de leurs métapho-
» res, sans que par-là ils s'attirent la moindre critique, pourvu

---

(1) La langue anglaise est un mélange de tout ce qu'on parle en Europe, mais elle a plus d'énergie, et elle est plus riche que les autres.

» que la grandeur du sens réponde à la magnificence des paroles,
» et qu'on ne s'élève pas sur des riens (1) ».

Maintenant je passe à la partie qui renferme notre sainte et vraie croyance : Comment se peut-il que ses pures doctrines, pleines de charité et de bienveillance pour le genre humain, et qui par ses principes a assuré notre bonheur présent, et nous prépare une félicité éternelle ; comment se peut-il qu'elles aient été propagées par les apôtres, ensuite par des missionnaires, qui ont porté les ordres sacrés du ciel dans des pays sauvages, et qui ont racheté des ténèbres des ames sans nombre, en même tems que par leur connaissance dans les arts ils ont civilisé des nations entières, si ce n'est à l'aide des connaissances des différentes langues. C'est par ce moyen que les préceptes de Jésus-Christ, et son saint nom, se sont répandus de l'orient au couchant, et du nord au midi, parmi autant de monde.

En résumé, considérez vous-mêmes, respectables habitants d'une grande ville, et vous aussi, mes chers élèves, combien est utile l'étude des langues étrangères, soit en formant le nœud qui lie les différentes parties du commerce, soit en adoucissant les horreurs de la guerre, soit en voyage et dans la société, en général, soit en se procurant les agréments de la vie en pays étranger, soit en approfondissant et en imitant les arts et la littérature des autres pays, soit enfin, en nous rendant capables, pour comble de bienfaits, de propager cette sainte religion pour le salut des hommes.

---

(1) La langue anglaise s'est perfectionnée depuis le tems du docteur Johnson, qui est un des auteurs les plus purs de cette nation, où la nécessité d'employer l'art oratoire, non-seulement dans le parlement, mais encore dans les nombreuses institutions et réunions qui ont lieu dans ce pays, oblige le peuple à faire ses discours avec force, clarté et énergie.

Mais hélas ! mes chers amis, ce n'est pas une acquisition que l'on puisse faire sans travail. Ce n'est qu'avec la patience, la persévérance et l'étude, qu'on peut obtenir cette connaissance si appréciable. On acquiert des richesses tout d'un coup, mais ces mêmes richesses, comme le dit la Sainte Écriture, ont des aîles et s'envolent. On n'obtient le savoir que peu à peu ; mais il reste toujours, et c'est un véritable trésor qu'aucune puissance humaine ne peut nous ôter, et qui nous rend, en différentes occasions, les plus grands services.

Mes chers Élèves, comme il est d'une grande importance de connaître les langues étrangères, et surtout celles qui sont les plus usitées, permettez-moi de vous donner des conseils sur la véritable manière de les acquérir. Si je peux me servir des termes usités en tems de guerre, on ne les prend jamais d'assaut. Si je peux me servir du style de la Sainte Écriture, on ne les prend jamais par force.

N'écoutez pas ces charlatans qui vous disent : en peu de leçons, en peu de mois, vous saurez telle ou telle langue. On peut sans doute bâtir un édifice dans un court espace de tems ; mais si les ouvriers et les matériaux ne sont pas prêts, il faut retarder l'édifice.

Ne vous laissez pas entraîner par le désir de voyager, en croyant que dans les pays étrangers vous les apprendrez plus facilement, car là personne ne s'occupera à vous instruire ou à vous faire parler. Or, vous ne pouvez apprendre par vous-mêmes qu'avec une mauvaise routine, sans principes. Que de milliers de Français sont restés plus de quatorze années en Angleterre par suite des événements funestes, et qui sont revenus dans leur patrie sans savoir proférer un seul mot anglais.

Oui, mes chers Élèves, il ne dépend que de vous-mêmes de

connaître une langue étrangère, ce n'est que par degré et avec une étude suivie qu'on peut réussir à la savoir.

D'abord, il faut s'attacher aux principes de sa langue maternelle. Combien d'années ordinairement durent ces études ? Douze ans au moins, selon les circonstances et les moyens de chacun. Alors ne soyez pas étonnés du tems que vous mettez à apprendre une langue que vous n'avez jamais connue, puisque, pour apprendre votre langue maternelle, vous mettez au moins douze ans, et souvent ne la connaissez-vous pas (1). Connaître bien sa langue maternelle par principe, facilite beaucoup l'étude d'une langue étrangère. Pourquoi vous rebutez-vous des principes ? C'est la seule manière abrégée pour connaître promptement une langue étrangère. Une langue avec ses dérivés et ses désinences renferme plus de soixante mille mots : si on les savait tous par cœur et la manière de les employer, on n'aurait pas besoin de principes.

Je vais vous indiquer la véritable manière d'apprendre une langue étrangère.

1°. Il faut absolument faire la plus grande attention aux principes, soit en les étudiant soi-même, soit en les étudiant avec le professeur ;

2°. Il faut tâcher d'obtenir la bonne prononciation du professeur ;

3°. Par une persévérance continuelle, il faut orner sa mémoire de plus de mots possibles ;

---

(1) Le tems qu'il faut mettre pour apprendre bien une langue étrangère dépend tellement des personnes et des circonstances, qu'il me serait tout à fait impossible de le préciser. J'avais un élève qui parlait couramment l'anglais après l'avoir étudié avec beaucoup d'assiduité pendant trois mois consécutifs.

4°. Il faut tâcher de les mettre en phrase : lorsqu'on les a réunis, il faut parler à toutes les personnes qui sont à même de nous entendre, et qui veulent bien nous écouter ;

5°. Il faut manquer le moins possible les leçons du professeur.

Enfin, une langue étrangère exige qu'on s'applique à la lire, — à l'écrire, — et à la parler autant qu'il est en notre pouvoir.

Voici, mes chers Élèves, la manière la plus prompte pour bien parler : Il faut avoir sur soi un petit cahier bien portatif, dans lequel vous écrirez les phrases dont vous avez besoin, et que vous prononcerez à votre professeur ou à toute autre personne disposée à les écouter.

Mes chers enfants, soyez attentifs à mes paroles, et écoutez ce que je dis. Le Créateur de l'univers, pour le bien-être de ses créatures, a ordonné, et surtout à l'homme, de travailler continuellement. Cette sage ordonnance du Tout-Puissant a pour but la tranquillité de votre ame et la santé de votre corps. C'est par le travail que nous jouissons du repos, et c'est par le repos que nous devenons capables de reprendre nos travaux accoutumés. Le travail est doux ; heureux ceux qui en goûtent les plaisirs sans se laisser entraîner par la paresse, ni s'endormir dans les abîmes de l'ennui où ils s'enfoncent de plus en plus profondément.

Mes chers Élèves, croyez-moi, je ne suis pas ennemi de vos plaisirs innocents : au contraire, je voudrais les augmenter en les rendant plus exquis. Si vous doutez de mes paroles je m'en vais les appuyer de preuve. D'abord, quel repas peut être agréable si nous n'avons pas d'appétit : les mets alors deviennent insipides au goût. L'appétit est acquis par l'exercice ou par le travail. Faut-il aller à quelque fête ou à quelque festin : si vous avez passé le tems à ne rien faire, les heures vous auront paru s'écouler lentement, et vous assisterez à cette fête accablés d'ennuis. Si au contraire vous avez passé les heures dans des exercices convenables et des études utiles, vous vous présenterez à la société pleins de gaîté. Aucune noire vapeur ne couvrant l'imagination, l'ame est libre et disposée à saisir les occasions qui se présentent pour participer à la joie générale, et vous vous trouverez avoir passé très-agréablement votre tems, et même l'avoir mis à profit.

Ainsi, si nous voulons notre intérêt, si nous voulons avoir de l'agrément et du plaisir, fuyons ce grand moyen de tentation de l'ennemi du genre humain que nous appelons *la paresse*. Elle corrompt l'ame et détruit le corps. — Considérez-là comme votre plus cruelle, votre plus mortelle ennemie. Reconnaissez-la par sa marche lente et incertaine. Elle est ennemie des vertus et des sciences, et elle plonge l'ame dans l'oubli, où, comme les eaux stagnantes, au lieu d'être vivifiantes et pures, elles deviennent corrompues et nuisibles.

Mes chers Élèves, dès que ce glorieux flambeau ouvre le cours du jour jusqu'à ce que ses rayons disparaissent dans l'Océan, continuons nos exercices, nos études et nos travaux, selon les circonstances convenables de notre situation dans le monde. Si nous voulons être heureux et passer les heures agréablement, il faut fuir toute indolence. — Si nous voulons être utiles à notre prochain et remplir nos devoirs envers lui, il faut être actifs. — Si nous voulons nous distinguer dans le monde, et y acquérir de la gloire, il faut travailler avec ardeur.

Parmi nos études, il n'y a rien de plus nécessaire que celle des langues étrangères. — Profitons donc de notre jeunesse, — ornons nos esprits de tout ce qui peut être utile, et qui peut nous conduire sur la route de la fortune. — Il est un tems dans la vie pour chaque chose : dans l'âge tendre, nous devons apprendre tout ce qui peut contribuer à nous faire considérer dans le monde. On peut comparer un homme sans éducation à un petit arbrisseau qui à peine lève la tête au milieu d'une forêt de nobles cèdres.—Or, mes chers Élèves, qui est-ce qui peut distinguer un homme de ses semblables, si ce n'est la bonne éducation.—En quoi consiste-t-elle? à connaître toutes les sciences possibles,—à apprendre toutes les langues étrangères et vivantes, afin d'être, par sa capacité, en état de servir son pays,—sa famille,—et ses amis; et de cette manière s'acquérir une gloire qui vous fait honorer de votre vivant, et même que le tems destructeur souvent ne peut atteindre. C'est l'éducation qui civilise le genre humain et qui nous réunit comme les enfants d'une seule et grande famille.

Heureux ceux qui font leur éducation dans cette ville depuis long-tems déjà si renommée, et maintenant l'Athènes (1) de la France, célèbre par ses belles institutions, et par la sagesse des nombreux instituteurs qui les dirigent, et dont on parle dans tous les pays étrangers. Cette renommée, je le vois, a attiré des parties les plus éloignées de la terre les enfants des habitants recommandables des bords du Gange, des États-Unis d'Amérique, des îles les plus marquantes de l'Atlantique, et même du grand Océan (2).

Mes chers Élèves, que de gratitude ne devez-vous pas aux auteurs de vos jours, qui, non-seulement vous ont donné la

---

(1) On vient de toutes les parties du monde, aussi bien que des départements voisins, pour faire ses études à Bordeaux. De sorte que cette ville n'est pas seulement un entrepôt de commerce, mais aussi un séjour des sciences.

(2) J'ai dans ce moment des élèves qui viennent des Indes Orientales, du Mexique, de la Guadeloupe, de la Jamaïque, de l'Isle de France, etc.

vie, mais encore rendent cette vie plus noble et plus heureuse par les soius qu'ils prennent de votre éducation. Montrez votre reconnaissance par la tendresse filliale, l'obéissance parfaite à leur commandement, et en faisant la plus grande attention aux leçons que vous donnent les différents professeurs, engagés par leur amour paternel à donner tous leurs soins pour orner vos esprits, et pour étendre votre jugement.

O vous! les plus tendres des mères! que peut-il y avoir de plus précieux que de posséder des enfants, qui, par la sagesse de vos conseils et par leur bonne éducation, se montrent dignes d'entrer dans le sein de cette société dont ils feront la gloire et l'ornement.

Vous pouvez bien dire comme l'illustre Cornélie, en montrant ses enfants :

Voilà mes plus beaux bijoux!

O vous! les meilleurs des pères, qu'y a-t-il de plus précieux que de voir vos soins paternels récompensés par les inappréciables résultats de l'instruction que vous avez donnée à vos enfants, en les rendant capables de suivre une carrière de vertus, de gloire et de renommée, qui répandra l'honneur sur vos respectables fronts, et fera votre plus grand plaisir, lorsque les autres agréments de la vie cesseront de fixer votre attention.

Vous, mes respectables Auditeurs! en vous remerciant de votre indulgence, pour m'avoir écouté avec tant de patience et tant d'attention, je vous souhaite la prospérité et la santé, à vous et à vos chers enfants ; qu'ils vous égalent par leurs vertus ; qu'ils couronnent vos efforts par leur bonne conduite ; qu'ils ornent les différentes professions qui leur sont destinées par la Providence et par vous, et que leur bonne renommée s'étende jusqu'à la fin des tems.

John Williams.

www.ingramcontent.com/pod-product-compliance
Lightning Source LLC
Chambersburg PA
CBHW071448060426
42450CB00009BA/2331